ROLAND LÖWISCH

Bucket List für BULLI-FAHRER

100 DINGE, DIE MAN MIT EINEM VW BUS ERLEBT HABEN MUSS

PLAZA

PLAZA

ist ein Imprint der

HEEL Verlag GmbH
Gut Pottscheidt
53639 Königswinter
Telefon 0 22 23 / 92 30-0
Telefax 0 22 23 / 92 30-13
info@heel-verlag.de
www.heel-verlag.de

Verantwortlich für den Inhalt: Roland Löwisch

Lektorat: Jürgen Schlegelmilch, Jan Weiden

Lithographie, Satz und Gestaltung: F5 Mediengestaltung Ralf Kolmsee, Bonn

Cover-Abbildung: © Kimball Stock

Bildnachweis: Adobe Stock (# 2, 8, 10, 11, 12, 13, 15, 16, 17, 27, 30, 33, 37, 38, 40, 41, 42, 46, 51, 53,54, 59, 62, 64, 65, 66, 69, 70, 74, 77, 82, 86, 89, 91, 93, 96, 97, 99); Stefan Arnold (# 36); Archiv Autor (Seite 4, # 8, 9, 24, 28, 29, 44, 48, 61, 90); Bausparkasse Schwäbisch Hall AG (# 52); Comfort Insurance (# 13); Dub box Limited (# 95); f.r.e.e Messe München (# 38); Freepik.com (# 63); Jörg Hajt (# 46, 73, 88); HEEL Archiv (#1, 21, 25, 35, 47, 52, 56, 60, 71, 76, 80, 82, 83, 84, 99); @steckgvng (# 23. S. 128); Scott London (# 14); MESSE ESSEN GmbH/Rainer Schimm (# 78); mpora.com (# 81); Nürburgring GmbH (# 72); OceanProd/Adobe Stock (# 67); OETTINGER Sportsystems GmbH (# 57); ÖAMTC (# 6); picture-alliance (#5, 26, 79/ASA|W.Groth); Ravensburger (# 49); Rock am Ring (# 43); Jürgen Schlegelmilch (# 58, 68); VW Konzernarchiv (#4, 7, 18, 19, 20, 22, 31, 32, 34, 35, 44, 50, 55, 56, 59, 75, 80/VW AG/Romy Schurhammer, 85, 87, 94, 98, 100); VW Nutzfahrzeuge/Heimbach Markus (# 39); www.tuningblog.eu (# 45)

Printed in Czech Republic

ISBN 978-3-96664-299-6

Bitte beachten

Bulli-Fahrer haben immer Vorbildfunktion! Bei aller Begeisterung für die anstehenden und teils augenzwinkernd zu verstehenden Aufgaben, sollten selbstverständlich stets die geltenden Gesetze und gesellschaftlichen Normen eingehalten werden.

Buckel List für BULLI-FAHRER

Kleben Sie hier ein Foto Ihres Bullis ein.

Danksagung

Außer beim HEEL Verlag, der solche kleinen Freuden wie dieses Buch möglich macht, möchte ich mich besonders bei den Menschen bedanken, die Kulturgut wie den Bulli hegen, pflegen, kaufen und fahren – also alle Besitzer und Freunde der Bullis, aber besonders die „Nutzis" in Hannover, die alle Bulli-Generationen täglich „leben". Sie haben mir im Laufe meiner journalistischen Laufbahn Einblicke in die Welt des Bulli ermöglicht, die ich sonst nie hätte genießen können. Möge Euer Elan für die Ur-Bullis durch das anbrechende Elektrozeitalter keinen Kurzschluss erleiden!

TIPP …

Zur Erfolgskontrolle nach erfolgreicher Bewältigung der Aufgabe nicht vergessen, einen Haken an die Sache zu machen!

Vorwort

Als am 8. März 1950 die blechgewordene Idee des niederländischen VW-Importeurs Ben Pon erstmals als serienmäßiges Transportauto das Licht der Arbeitswelt erblickte, war nicht abzusehen, dass dieser Aufbauhelfer der Nachkriegszeit zu einem der größten automobilen Kultobjekte avancieren würde – und zwar weltweit und bis in die moderne Zeit hinein. Schon der T1 und der T2 – die ersten zwei Transporter-Generationen, die von Anfang an als „Bulli" bezeichnet wurden, eine Abkürzung für den Klein-„Bus" und dem Kastenwagen, der als „Lieferwagen" gedacht war – mutierten schnell vom Nutzfahrzeug für Handwerker und Kleinstspediteure zur Eier legenden Wollmilchsau in Form von Großfamilienvan, Campingmobil, Feuerwehr-Mannschaftswagen, Basis für alle möglichen Aufbauten oder einfach nur zum gleichwertigen Arbeitstier wie Freizeitvehikel.

Zugegeben – es haben sich schon viele Menschen in Buchform mit dem Bulli beschäftigt. Aber eine Bucket List gab es bislang noch nicht. Hier ist sie! Vor allem für die Bulli-Fans, die sich und die Welt nicht so ernst nehmen – also für ziemlich alle. Aber auch für alle, die mit dem Bulli sympathisieren, ohne selbst einen zu besitzen. Denn meine Vorschläge, was man alles mit und rund um T1 und T2 machen kann, sollen teilweise machbar, teilweise auch nur höchst unterhaltend sein, aber nie belehrend. Trotz der vielen Informationen und Tipps, die in vielen Antworten stecken und nicht an jeder Straßenecke zu haben sind.

So wünsche ich viel Spaß im bunten Universum der alten Nutzfahrzeuge von VW aus Hannover, mit den Menschen, den Machern und dem Multikult drum herum. Die Welt wäre ärmer ohne sie alle und ohne all das.

Hamburg, im Herbst 2021
Roland Löwisch

1 Seinen Bulli durch die Röntgen-Röhre schicken

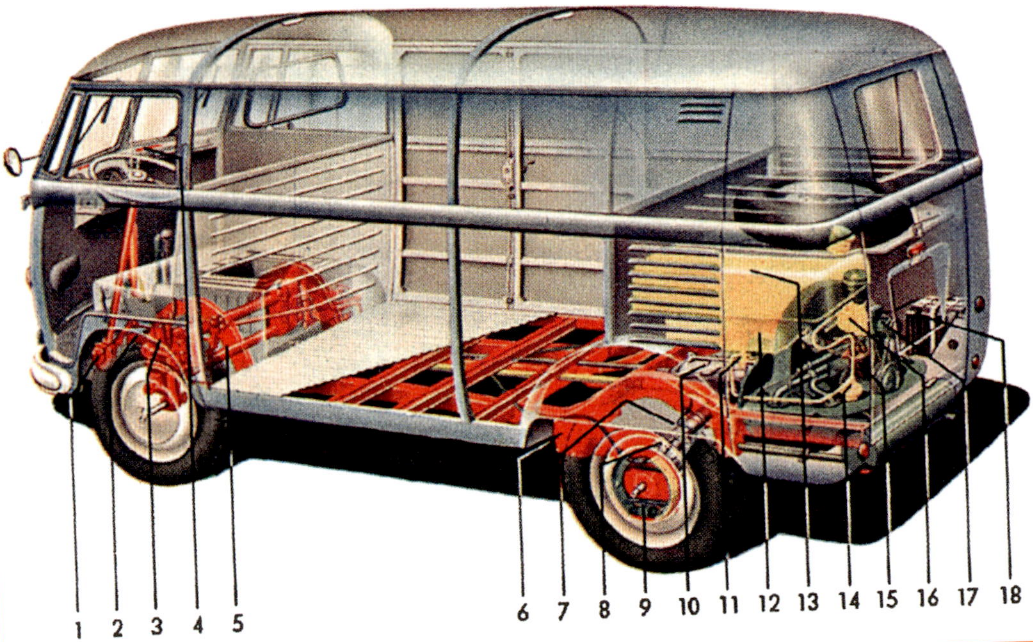

Anfang 2019 fanden die Hamburger Zöllner tatsächlich 100 Kilo hochreines Kokain, als sie einen verdächtigen T1 durch eine große Röntgenröhre schoben. Aber man kann ja auch auf angenehme und bislang unsichtbare Schätze hoffen: D-Mark-Bündel, Goldbarren, VW-Aktienpakete ...

Eine wirklich weite Reise unternehmen

2

Man kann sich als Vorbild zum Beispiel die fünf Bulli-Fans aus Malaysia vornehmen, die mit zwei T1 und einem T2 50.000 Kilometer am Stück absolvierten, und zwar von Malaysia über Europa inklusive Skandinavien nach Hannover zurück nach Malaysia. Und das alles nicht nur zum Spaß, sondern für die Charity-Aktion „#Live2Drive“. Respekt und ein tolles Vorbild!

3 Eine Werksbesichtigung in Hannover unternehmen

Am 8. März 1950 startete die Serienproduktion des Bulli zunächst in Wolfsburg. Bald wurde allerdings mehr Platz benötigt und VW begann 1954 mit der Planung des Werkes Hannover. Auf einem 1,1 Millionen Quadratmeter großen Gelände im Stadtteil Stöcken wurde innerhalb nur eines Jahres ein komplettes Werk – die damals größte Fertigungshalle Europas – aus dem Boden gestampft. Es war zugleich der Beginn einer Ära im Fahrzeugbau: Denn hier wird seither die Automobil-Legende Bulli (T-Baureihe) gefertigt. Nach der rekordverdächtigen Bauzeit liefen am 9. März 1956 die ersten Bullis vom Band, in der Anfangszeit arbeiteten hier rund 4000 Menschen – und produzierten 230 Transporter am Tag. Grund genug, spätestens jetzt einen Blick hineinzuwerfen …

Erinnern. Erleben. Erhalten.
WESTFALIA
T2 - 1971
VOLKSWAGEN-NUTZFAHRZEUGE-OLDTIMER.DE

4 Einen werksgebauten T1 mit 24 Fenstern finden

Wird schwer – 23 Stück sind bislang das Nonplusultra, und zwar im berühmten „Samba“, dem heute wertvollsten Serien-VW aller Zeiten. Aber vielleicht hat sich VW damals ja einen Gag erlaubt und mal den einen oder anderen mit 24 Fenstern dazwischengeschoben …

Mit dem Bulli zum Surfen nach Kalifornien fahren

5

Haben schon alle gemacht? Nicht ganz: Ich nicht, und Sie wahrscheinlich auch nicht. Also, es wird Zeit! Auch wenn der Bulli dafür ursprünglich gar nicht gemacht wurde ...

6 Einen Bulli auf Kettenantrieb umbauen

Geht nicht? Geht doch. Ein Vorbild steht zum Beispiel im Museum der Oldtimerfreunde Poysdorf. Einen Kettenbulli besitzt der Österreichische Automobilclub. Und nein, VW hat sowas niemals ab Werk angeboten – so etwas kam zum Beispiel von „Raupen Fuchs". Der Österreicher Franz Parisch schnallte sogar einen Spähpanzer-Vollkettenantrieb unter einen ´63er Kombi.

Auf Heinrich Nordhoffs Spuren wandeln

7

Der VW-Generaldirektor und Vorstandschef (von 1948 bis zu seinem Tod 1968) hat in nur zwei Jahren auf der Grundlage des VW Käfer den Kleintransporter entwickeln lassen. Also in 24 Monaten Kult geschaffen, der bis heute anhält – wer das nachmachen kann, ist ein gemachter Mann …

8 Seinen Bulli zum Cabrio umbauen

Kein Witz: Vorbilder fahren zum Beispiel als Werksbesucherautos in São Paulo. Und 1973 wurden Gäste der Fernsehlotterie „Ein Platz an der Sonne“ mit einem geöffneten T2 auf die Bühne gefahren.

Einen wassergekühlten T2 fahren

9

Natürlich gibt es den, und er wurde ganz offiziell gebaut. Nicht in Deutschland, auch nicht in Europa, aber in Brasilien – und zwar von 2006 bis 2013 als T2c. Der wassergekühlte 1,4-Liter-Vierzylinder leistete 80 PS.

10 Einen VW Bus in einer Scheune finden oder ihn aus seinem feuchten Grab bergen

Dazu muss man nur eines: suchen. Diverse überraschende Meldungen beweisen immer wieder, dass längst noch nicht alle versteckten und verschollenen Bullis entdeckt worden sind.

11 Im Bulli ein Kind zeugen

Erstens muss man sich dabei nicht so verbiegen wie in einem Käfer, zweitens sollen die betreffenden Kids später besonders bulliaffin und damit weltoffen, charakterlich gefestigt und reisewillig sein ...

Jemanden finden, der einen Bulli nicht mag

12

Man trifft zwar Leute, die einen Bulli nicht kennen (zumindest nicht unter seinem Kosenamen), und man trifft Menschen, die noch nie in einem gefahren sind. Aber jemanden kennenzulernen, der den Bulli nicht mag, ist mir in meiner nun schon recht langen Lebenszeit noch nicht vorgekommen. Warum? Keine Ahnung …

13 Mehr als 51 ausgewachsene Menschen in einem T2 unterbringen

Okay, es gibt ja die verrücktesten Wettbewerbe auf dieser Welt – der Versuch einer Antwort auf die Frage, wie viele Menschen in einen Bulli passen, gehört dazu. Der offizielle Rekord liegt bei 51 Homo sapiens, gezählt am 9.9.2015 beim „Busfest" in Malvern, Worcestershire, England. Weil letztlich alle Türen geschlossen werden konnten, fand das Event Eingang ins Guinness Buch der Rekorde. Es ist allerdings nicht überliefert, ob alle Teilnehmer den Bulli auch unverletzt wieder verlassen haben …

Einen größeren Bulli bauen als Kirk Strawn

14

Zugegeben, „Walter the Bus“ steht nicht auf der Plattform eines normalen Bulli – es handelt sich um die Basis eines ´63er US-Firetruck, von Kirk Strawn und Kollegen auf einem Schrottplatz gefunden. Schnell kam ihnen die Idee, daraus den größten Bulli der Welt zu bauen. Das Ergebnis: Der „Bulli“ ist vier Meter hoch, wird von 330 PS befeuert, von 85 Lautsprechern beschallt und von 20.000 LEDs beleuchtet. Also: Bitte toppen ...

15 Einen Bulli mit vier Achsen bauen

Dreiachser gibt es bereits, zum Beispiel als Auflieger – leider verbrauchten die Macher dafür fünf Bullis, allerdings nur unrettbare. Was ich noch nicht gesehen habe, ist einer mit vier Achsen. Also vier direkt unterm Bulli, vorne vielleicht beide Achsen gelenkt. Oder gibt's das auch schon?

Einen Amphibien-Bulli zu Wasser lassen

16

Und hoffen, dass er schwimmt… Nein, im Ernst: Natürlich haben schon einige Bulli-Begeisterte ihre Lieblinge gewässert, die dank diverser wilder Konstruktionen tatsächlich auch schwammen. Zumindest eine Zeit lang – wie viele letztlich untergingen, ist unbekannt.

17 Sich ein Playmobil®-Bulli ins Wohnzimmer stellen

Seit Anfang 2021 ist das möglich – den T1 gibt es nun auch als Playmobil®. Und nein, das ist kein Kinderkram, denn nicht für jeden ist es möglich, sich gleich ein Original zuzulegen. Warum also nicht erstmal den T1 als Camper in der Vitrine parken? Die kleine Plastikversion ist übrigens „Henrik The Red" nachempfunden, einem 1962er T1 aus der Hannoveraner VW-Nutzfahrzeugsammlung.

18 Im Bulli den Spirit of Woodstock tanken

Vielleicht erinnert sich der eine oder andere: Im Örtchen Bethel im US-Bundesstaat New York trafen sich im August 1969 etwa 400.000 Besucher, um friedlich zu feiern und 32 Bands und Solokünstler der Musikrichtungen Folk, Rock, Blues und Country zu lauschen beim „Woodstock Music & Art Fair presents An Aquarius Exhibition – 3 Days of Peace & Music" (auch dabei: einer der berühmtesten T1 der Welt, der T1 „Lightbus", bemalt vom Künstler Dr. Bob Hieronimus). Einfach mal selbst ausprobieren: Drei Tage lang Love, Peace and Happiness zelebrieren. Vielleicht sogar inklusive eigener Bemalung des Busses mit psychedelischen Formen und Farben unter Mitsingen zeitgenössischer Musik. Für die Basics können ja Streaming-Dienste sorgen ...

Die Currywurst bei VW Nutzfahrzeuge probieren

19

Man könnte die legendäre Fleischware und die fast noch legendärere Sauce dazu natürlich auch in Wolfsburg bekommen – aber für einen Bulli-Freund liegt Hannover nun mal näher. Und nicht davon irritieren lassen, dass man dort eventuell die Broschüre „Klimabewusste Kantine“ findet, in der Denkanstöße in Richtung gesünderes Ernähren kommuniziert werden. Daran kann man sich ja beim darauffolgenden Besuch immer noch orientieren …

20 Seinen Bulli mit E-Antrieb ausrüsten

Gab's schon 1972 bis 1979 als werksmäßiger T2-„Elektrotransporter" in Stückzahlen zwischen 120 und 200 (je nach Quelle) und gibt es nun auch wieder – wenn heute auch nicht mehr ab Werk, sondern als Nachrüstmöglichkeit bei diversen kleinen Firmen, die das alte Boxerherz rausreißen und einen Elektromotor einpflanzen. Zumindest liegt das im Trend. Vorteil: „lokal emissionsfrei", leise, und das Schrauben am Motor ist auch nicht mehr möglich – sorry, ich meine natürlich: nötig. Meine Bitte an denjenigen, der es tatsächlich ausprobieren will: Entweder nur einen unrettbaren Bulli dazu nutzen oder so umbauen, dass man auch den guten alten Verbrenner wieder rückrüsten kann. Man weiß ja nie ...

21 Eine Schallplatte aufnehmen und mit dem T1 abspielen

Klar, wer will, kann seine Lieder und seine Musik nach wie vor auf Vinyl pressen lassen. Und tatsächlich vom Bulli abspielen lassen. Nein, nicht (nur) **im** Bulli, sondern **vom** Bulli: 1976 kam Sony mit dem „Chorocco“ raus, ein Plastik-T1 mit integriertem Tonabnehmer und Lautsprecher als Werbemittel.

Der „Plattenwagen“ wechselte noch oft den Namen und den Herstellernamen („Record Runner“, „Record Rider“ sowie „Soundwagon“ von Tamco, Hi Tec und Stokyo), aber immer sorgte er für Heiterkeit. Nur beim Plattenbesitzer nicht, lautete der inoffizielle Kosename doch „Vinyl Killer“ ...

Sich mit einem ehemaligen Bullibauer unterhalten

22

Sie wohnen noch heute in Hannovers Umgebung in schmucken kleinen Eigenheimen – die ehemaligen T1- und T2-Bauer aus dem Werk Hannover. Und sie können Geschichten erzählen, zum Beispiel von den kostenlosen Trinkbrunnen und dem „Nordhoff-Tee“, vom Neid auf die Audi-Angestellten bei VW, denn die durften ganz offiziell bei der Arbeit Bier trinken, und dass es eine Zeit gab, in der eine Kartoffel in der Kantine ein Groschen kostete und ein Stück Fleisch 90 Pfennige. Und so weiter. Es lohnt sich!

23 Einen fahrbaren Bus so tief legen, dass nur noch ein Haar darunter passt

Versuche gibt es viele – allerdings waren die meisten danach nicht mehr fahrbar!

24 Den Kürzeren ziehen

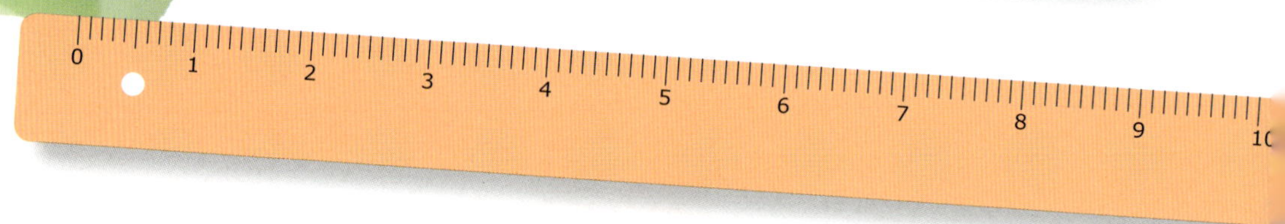

Man kann bestimmt noch einen kürzeren Bulli bauen als den auf dem Foto. Möglich, dass man ihn aber dann auch nur noch ziehen kann …

Im Schienen-Bulli von Husum nach Sylt rollen

25

In den 1950er Jahren hat die Bahn doch tatsächlich 30 Bullis geordert, um sie von Beilhack und WMD zu Schienenfahrzeugen umbauen zu lassen. Der Gag: Die Bullis besaßen kein Lenkrad und wurden mit einer hydraulischen Hebevorrichtung ausgerüstet, dank derer sie um 180 Grad gedreht werden und so vorwärts in jede Richtung fahren konnten. Es gibt noch welche, wenn auch nicht viele. Also ist es echt Arbeit, einen zu finden – aber wenn die Chance besteht, dann bitte damit stilecht über den Damm nach Sylt kutschieren lassen.

26 Den VW Bus von Joseph Beuys' Kunstwerk „The Pack"/„Das Rudel" zum Leben erwecken

Es gibt Mitmach-Kunst, begehbare Kunstwerke und Wegwerf-Kunst. Warum also nicht mal ein Kunstwerk wortwörtlich starten? Tatsächlich hat der umstrittene Künstler Joseph Beuys im Jahr 1969 eine große Installation veröffentlicht: Aus einem alten Bus quellen 24 Schlitten mit Überlebens-Kit aus dem Heck, und wie so oft bei Kunst gibt es viele Interpretationen der gesamten Konstruktion. Neu wäre allerdings wirklich, den Bulli, der damals keinen TÜV mehr bekam, zum Laufen zu bringen und das Kunstwerk mal neu zu sortieren, indem man einfach losfährt. Auf die Idee, das Kunstwerk zu verändern, kam übrigens schon jemand: 2017 klebte jemand einen Aufkleber auf die Frontscheibe, was die Aussteller überhaupt nicht komisch fanden. Waren Sie das?

Eine VW Bulli-Tour mit Übernachtung buchen

27

Man muss keinen Bulli besitzen, um ihn genießen zu können: Diverse Anbieter vermieten ihre Schätzchen, auch zum Übernachten. Lassen wir mal die Marketing-Spezis sprechen: „Geboren im Jahr des Woodstock Festivals, gefeiert in der Flower-Power-Ära und noch immer geliebt wie eh und je! Mach eine Tour im VW Bulli T2 und verdreh mit dem stilechten Campingbus den Passanten die Köpfe. Im Bulli fährst du nicht nur ein Stückchen Nostalgie, sondern mehr noch pures Lebensgefühl der Freiheit. Am Campingplatz direkt an der Ostsee verbringst du eine Nacht im Bus und fühlst dich zurückversetzt in die wilden 70er Jahre. Gib ein lautes „Hippie Hurra“ und lasse im VW Bulli die bunte Zeit wieder aufblühen!“ Dem gibt es kaum etwas hinzuzufügen.

28 Ein Modell von seinem Bulli in 1:87 machen lassen und es im Miniatur-Wunderland in Hamburg positionieren

Kein Witz: Auch wenn das Miniatur-Wunderland in Hamburg ein Eldorado für Eisenbahnfans ist, kann es Automobilisten genauso erfreuen. Denn rund 9250 Pkw und Lkw wurden in ganz verschiedenen Situationen in Szene gesetzt. Bei den Lastwagen können Firmen gegen einen kleinen Obolus und bei den Machern genehmen Themen und Branchen ihre Firmenlogos postieren – warum nicht auch persönliche Bullis präsentieren? Es ist einen Versuch wert!

29

Einen unrestaurierten T1 oder T2 ohne Rost finden

So etwas gibt es öfter – und wird manchmal zur Lebensaufgabe.

Fahrsicherheitstraining

Ein Fahrsicherheitstraining mit Bulli absolvieren

30

Das wird zwar nicht sonderlich dynamisch, könnte aber doch das Wissen über Grenzverhalten eines frühen Bullis durchaus vermehren. Auch wenn die Grenze in jeder Richtung sehr früh erreicht werden wird.

31 Einen Silberfisch finden

Nee, nicht die Ur-Viecher, die fast jedem Bewohner in einer Altbauküche irgendwann einmal über den Weg laufen. Ich meine natürlich einen Bulli: Wie beim T1 der Samba, ist der „Silberfisch" beim T2 ein sehr seltenes, besonders gut ausgestattetes und deswegen schon damals seltenes Exemplar. Nur 1600 Stück wurden im Jahr 1979 gebaut.

Achja, ein paar Silberfische gab es später noch mal, als die Sondermodellserie Prata (portugiesisch: Silber; siehe Bild) im Dezember 2005 die Ära des luftgekühlten T2 im brasilianischen São Bernardo do Campo beendete.

Einen T2 mit Allradantrieb nachbauen

32

Offiziell gab es ihn nie. Nur der gewitzte Alfred Meyer, bei VW einst Entwicklungschef für die Transporter und dazu überzeugter Sahara-Fan, ließ testweise mal einen Allrad-T2 aufbauen. 1978 waren daraus sogar fünf Versuchsfahrzeuge geworden, der Allradantrieb war zuschaltbar. Trotzdem setzte sich das Prinzip nicht durch – der erste offizielle Allrad-Bulli war somit der T3 Synchro.

33 Eine Bulli-Devotionalie erfinden, die es noch nicht gibt

Man kann Blumen in eine Bulli-Vase stecken, mit einem Gummibulli Unfug ausradieren, auf seinem Datenstick in T2-Silhouette Weltbewegendes speichern, sich in T1-Bettbezügen von bekannten Discounter räkeln oder Bulli-Bier aus der Schweiz in einem Bulli-Kühlschrank lagern – es scheint, als gäbe es alles, aber auch wirklich alles schon in Bulliform. Umso größer ist die Aufgabe ...

Jemanden finden, der den VW ID Buzz als legitimen Nachfolger des Bulli anerkennt

34

2022 soll der ID Buzz den Bulli beerben – hä??? Zwei Elektro-Motoren, etwa 4,6 Meter lang, Designelemente vom T1, ab 2025 kein Fahrer mehr nötig – das soll die Bulli-Fans überzeugen. Aber ein Bulli, der nicht scheppert, rasselt und dröhnt ist kein Bulli, oder?

Nennt den künftigen Superstromer doch einfach „Billy“ – das erinnert wenigstens nicht an eine Ikone, sondern nur an ein Regal, das einfach verbraucht wird und dabei keine seelischen Qualen hinterlässt …

35 Mit einem T1 samt Anhänger die Großglockner-Hochalpenstraße bezwingen

Geht nicht? Gibt's nicht. Ich hab's gemacht. Aber Hand aufs Herz: Man kann dabei auch zu Fuß nebenherlaufen und eventuell sogar überholen. Nicht vergessen, den Aufkleber mitzunehmen! Für alle, denen bei dieser Aufgabe der spezielle Nervenkitzel fehlt: Die Navigation nur mit einer zeitgenössischen Straßenkarte erhöht den Reiz!

Oldtimer
Oldtimer

36 Einen Bulli-Kalender basteln

Natürlich mit Fotos vom eigenen Bulli. Oder Zeichnungen. Oder Ölmalereien. Oder sonstwas. Hauptsache, der Liebling hängt ganzjährig in der Wohnung.

Ein Bulli-Buch schreiben

Mit Verlaub: Das ist ganz einfach. Trotzdem zuerst eine schlechte Nachricht: Es wird ein Problem, wenn man etwas reinschreiben will, was noch niemand über den Bulli weiß. Sogar einen Bulli-Krimi gibt's schon: „Todesfahrt" von Michael Kibler. Aber die gute Nachricht: Die Bulli-Fangemeinde verschlingt alles, was neu auf den Markt kommt. Oder wieso halten Sie dieses Buch jetzt in den Händen?

38 Seinen eigenen Bulli aus Klemmbausteinen nachbauen

Die beiden Modellbauer René Hoffmeister und Pascal Lenhard haben gezeigt, wie es geht: mit 400.000 Lego®-Steinen. Ihr T2a Campingbus in Originalgröße wurde 700 Kilo schwer und auf der Freizeitmesse f.re.e in München 2019 vorgestellt. Ich wünsche viel Spaß und Geduld!

Nebenbei: Das Material für diese Aktion muss nicht unbedingt aus Dänemark stammen, es können natürlich auch alle anderen Arten von Klemmbausteinen verwendet werden. Das Kunstwerk muss ja nicht gleich mehr kosten als ein gut restauriertes Original!

Mit einem VW Bus samt Porsche-Motor im Heck die Nordschleifenjugend erschrecken

39

Tatsächlich ist ein Porsche-Motor im Heck eines Bullis gar nicht so selten – serienmäßig gab es das allerdings erst beim Porsche B32, der nichts andres war als ein T3 mit 231 PS starkem Sechszylinder-Boxer in einer Auflage von 18 Stück. Aber es gibt auch eine ganze Menge privater Umbauten bei T1- und T2-Fans – zum Beispiel den `62er-T1 des Schweizer Karosseriebauers Fred Bernhard mit 530 PS im Heck. Um die Kraft und die dazugehörige Renntechnik im Auto unterbringen und sicher mehr als zügig unterwegs sein zu können, musste Bernhard den Wagen allerdings deutlich verbreitern. Da nicht jeder die Kenntnis hat, seinen Bulli so zu tunen, gilt mitfahren auch ...

40 Das weltweit größte Bulli-Treffen besuchen

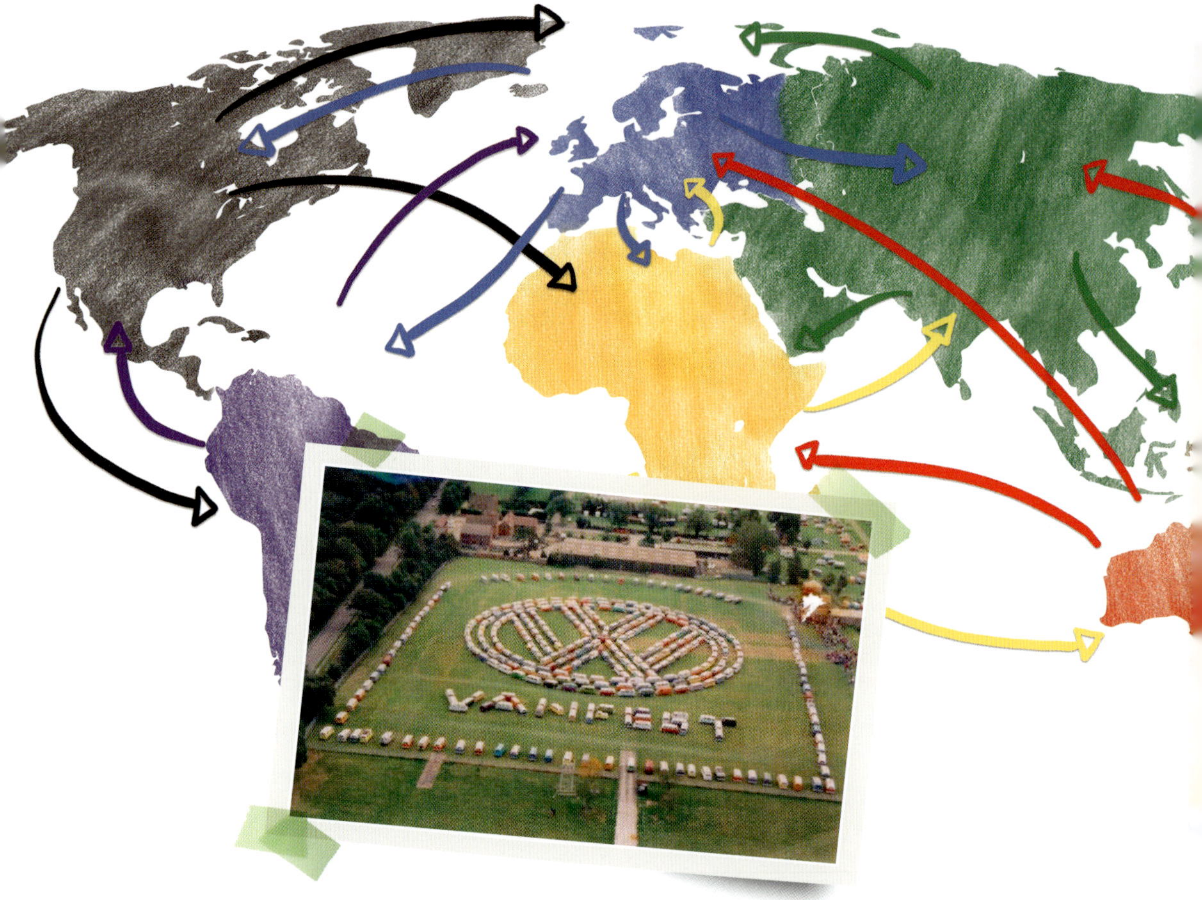

Riesige Bulli-Feste gibt es weltweit. Eines der größten aber ist wohl das Busfest auf dem Three Counties Showground in Malvern (Worcestershire), England, das seit 1994 in jedem Corona-freien Jahr stattfindet. Der Gag: Hier wird nicht der schönste oder beste Bus gekürt, sondern derjenige Teilnehmer, der in einer halben Stunde mit seinen Campingbusmöglichkeiten das schmackhafteste Essen zubereitet. Wer wegen des Brexits und den dazugehörigen Problemen England lieber meiden will, kann auch alternativ das VW-Bus-Treffen in Hatzenport südlich von Koblenz zum inoffiziellen Abschluss der Saison besuchen. Auch sehenswert: Die Bug Show auf der Rennstrecke Spa-Franchorchamps.

Im Bulli auf dem höchstgelegenen Campingplatz Europas nächtigen

41

Zur Abwechslung mal eine leichte Aufgabe: Der höchstgelegene Campingplatz Europas liegt im Schatten des 4171 Meter hohen Dent d'Hérens in der Schweiz. Auf 1950 Metern ist die Luft auf dem Camping Arolla am Ende des Val d'Hérens im Wallis allerdings schon mächtig dünn. Doch näher kann man dem Himmel beim Camping in Europa nicht kommen. Aber nicht vergessen: Auch schwachbrüstige Bullis verlieren auf je 1000 Höhenmeter etwa zehn Prozent ihrer Motorleistung ...

42 BULLIgamie-Selbsthilfegruppe gründen

Schon lange Trend, aber vielfach unterschätzt: der Zweit-Bulli. Und dann kommt noch einer, und noch einer. Egal, ob kleine oder große Ausführung – darüber muss man sprechen. Und am besten mit ebenfalls Betroffenen. Also schon mal üben: „Hallo, mein Name ist .... und ich habe .... Bullis ....“ Achja, alte Liebe rostet eben nicht!

Ein Rockkonzert besuchen

43

Warum bloß gehören ein früher Bulli und gute Musik stets zusammen? Weil ein Bulli-Motor wie Musik klingt? Weil Musik die gleichen Gefühle auslöst wie ein Bulli? Ist eigentlich egal – Hauptsache Bulli und Musik. Also ab nach Wacken. Oder zum Rock am Ring. Aber natürlich nicht zum Musikantenstadl – wir reden hier schließlich über Musik ...

44 Mit dem Bulli eine Pilgerreise nach Brasilien zum VW-Werk unternehmen

Ziel ist das Werk Anchieta im Ort São Bernardo do Campo im brasilianischen Bundesstaat São Paulo. Rund 850.000 Menschen leben in dem bedeutenden Industriestandort. VW ist hier seit 1956 (Grundsteinlegung) beheimatet. In dem Werk São Bernardo do Campo wurde bis 2005 der T2C gebaut.

Das offiziell am 18. November 1959 im Beisein von Präsident Juscelino Kubitschek eröffnete Werk Anchieta war die erste außerhalb von Deutschland errichtete Volkswagen Fabrik. Gut 18 km von São Paulo entfernt, erstreckt sich der Industriekomplex auf einer Gesamtfläche von 1,6 Millionen m², von denen 994.000 m² bebaut sind. Bereits zwei Jahr vor der offiziellen Einweihung startete 1957 die Produktion, inzwischen sind 14 Millionen Fahrzeuge von den Fertigungsstraßen gerollt.

Zeit, dort selber mal vorbeizuschauen – am besten den Bulli in einen Container verladen und die Strecke von 10.157 zwischen Hamburg und São Bernardo do Campo mit dem Schiff bewältigen ...

45 Mit einem Extremumbau selbst die härtesten Wörthersee-Jünger erschrecken

Das jährliche VW-GTI-Treffen am Wörthersee ist ja schon alleine legendär, ein Besuch lohnt sich allemal. Aber wer bastlerisch begabt ist und viel Zeit hat, kann seinen Bulli auch wörtherseetauglich aufrüsten. Hat zum Beispiel Tuningblog Car Parts getan – viel ist vom ursprünglichen T1 allerdings nicht mehr übrig: 650 PS und 750 Nm starker Zwölfzylinder, Widebody-Kit, dreiteilige BBS-Le-Mans-Schmiedefelgen in 20 Zoll, Heckspoiler. Geht's noch extremer? Und nicht vergessen: Für eine vollständige Dokumentation und für die Nachwelt generell, kann man dann noch ein YouTube-Video hochladen *(siehe QR-Code)*!

WILLIAMS MARTINI
TUNINGBLOG CAR PARTS
MARTINI
TUNING BLOG.EU

46 Seinen Bulli professionell in Szene setzen lassen

Steht nicht gerade eine Restaurierung an, ist der eigene Bulli nie wieder so schön wie gerade jetzt. Grund genug, ihn mal kurz einem professionellen Fotografen zu überlassen, der ihn in jede gewünschte Szene setzt – cool, heiß, freigestellt oder eingefügt in die schönsten Landschaften der Welt. Egal, Hauptsache der Bulli ist der Protagonist. Man freut sich ein Leben lang daran.

Eine „Man Cave“ für den Bulli bauen

47

Dafür braucht man nur Platz – die Ideen kommen von ganz alleine. Und dabei nie dran denken, wie es anderen gefallen könnte: Man muss sich selbst drin wohl fühlen. Was zwischen Werkzeug, Devotionalien und Ölflecken kein Problem sein sollte.

48 Im Bulli auf dem dunkelsten Campingplatz Deutschlands übernachten

Der „Campinglatz Havelland“ liegt im ersten Sternenpark Deutschlands und ist der dunkelste Campingplatz des Landes. Für den Schutz der natürlichen Dunkelheit wird auf einen nur gezielten Einsatz von künstlichem Licht in diesem Gebiet gesetzt. Näher kann man einem schwarzen Loch mit einem Glanzlicht der Automobilindustrie nicht kommen.

Aus einem Bild seines Bullis ein 5000-Teile-Puzzle anfertigen lassen und selbst zusammensetzen

49

Übung macht den Meister. Wer nicht ganz so viel Aufwand betreiben will: Von Ravensburger gibt's den T1 in der „Surfer Edition" als 3D-Puzzle mit 162 Teilen, ebenso im „Hippie Style" und „Fillmore" aus dem Film „Cars".

50 Einen neuen T1 aus Repro-Teilen aufbauen

Rund 1,8 Millionen T1 wurden einst gebaut – viele davon sind noch existent. Das ist ein Grund, warum so viele Ersatz- und Reproteile zu haben sind. Warum nicht einen nagelneuen T1 damit auf die Räder stellen? Nur so zum Spaß …

Geringeren Verbrauch als fünf Liter auf 100 Kilometer anstreben

51

Zugegeben – Spaß macht das nicht. Aber wer's schafft, kommt vielleicht in den Olymp der weltweiten Bullisten, Kategorie „sinnloseste Lebensaufgaben".

52 Das Show Car der Bausparkasse Schwäbisch Schall nachbauen

Nachbauen ist heutzutage kein Frevel mehr – jedenfalls wenn der Nachbau als solcher kommuniziert wird. Und wie auch bei anderen Autos gibt es beim Bulli ganz besondere Exemplare, die verschollen sind. Dazu gehörten bis vor kurzem die 15 Demowagen der Bausparkasse Schwäbisch Hall, die sie in den 1950er und 1960er Jahren auf Basis von VW T1-Pritschenwagen betrieb. Auf der Ladefläche präsentierte sich unter einer großen Plexiglasabdeckung eine Art Diorama, bestehend aus fünf Beispielhäusern mitsamt Grünanlage und Figuren. Schwäbisch Hall vergab im Jahre 2010 – passend zum 80-jährigen Firmen-Jubiläum – bei der Firma Meyer-Autodienst aus Schwäbisch Hall eine Replika in Auftrag, wo man mit Hilfe von nur extrem wenig Vorlagenmaterial eine perfekte Nachfertigung realisierte. Wer sich also an die Arbeit machen will, weiß, wo er nachfragen kann. Übrigens: 2017 entdeckten professionelle Autosucher in einem oberfränkischen Wald die Überreste eines dieser speziellen T1-Demo-Pritschentransportern, der 55 Jahre zuvor nach einem Unfall an Ort und Stelle vergraben wurde.

53

Das VW Logo vergolden

Denn edel geht die Welt zugrunde. Aber auch wenn man über seine Verhältnisse lebt, besteht immer noch die Gefahr, dass man das unter seinem Niveau tut.

Bei der UNESCO den T1 als Weltkulturerbe anmelden

54

Das wäre mal eine wirklich heroische Tat. Argumentationshilfe: Wenn schon die Völklinger Hütte als bedeutendes Zeugnis der Industriegeschichte auf der Weltkulturliste steht, müsste erst recht das wohl bedeutendste Transporterprodukt aus der Roheisenerzeugung aufgenommen werden!

55 Einen Picknick-Ausflug im Stil der 1950er Jahre machen

Natürlich in einem T1. Wer nicht weiß, was man dafür braucht, dem sei zum Studieren von Vorbildern das Goodwood Revival empfohlen. Das ist zweifellos das schönste „Weißt-Du-noch-Event" der Autowelt ...

Im Autokino den Film „Ein toller Käfer“ schauen

56

Im eigenen Bulli die cineastische Familie besuchen, dazu natürlich Popcorn mampfen und eine geliebte Person im Arm halten – Bullilover, was willst Du mehr?

57 Die Firma Oettinger herausfordern

[Oettinger, der älteste VW-Tuner (seit 1946), ist ja wohl ein Begriff, oder? Zurecht. Leider tunen die Veredler heute nur noch T4, T5 und T6. Da liegt es doch nahe, mit einem T1 oder T2 zu kommen und die Phantasie der Friedrichsdorfer herauszufordern!]

Bei einem Samba-Bus alle Fenster streifenfrei sauber machen

58

Es gibt Aufgaben und es gibt Lebensaufgaben – die Scheiben von einem Samba-Bus streifenfrei zu machen gehört zu Letzteren. Erstens sind es 23 Scheiben, und zweitens geht streifenfrei per se nicht. Manche probieren es mit Waffeltuch und speziellen Glasreinigern, manche überlassen die Arbeit Profis. Aber irgendwo gibt es immer Streifen. Mein Tipp: Statt verzweifeln lieber durchgucken. Man sieht die Welt aus einem Bulli heraus sowieso anders ...

59 Hannover bei Nacht aufmischen

Manche behaupten, Hannover sei so aufregend wie Curling in Zeitlupe. Alles quatsch, erst recht bei Nacht. Man muss nur mit seinem Lieblingsbulli durch die Herrenhäuser Gärten ziehen, den Maschsee dank diverser Durchquerungen in einen Matschsee verwandeln, im Eilenriede-Park einen Bulli-Fahrstreifen eröffnen, das Luftfahrtmuseum Hannover-Laatzen mit dem Besuch des Wassergekühlten aufwerten und vor der Staatsoper Hannover das Lied des Boxers intonieren. Oder seinen Bulli mit 2500 LED-Lichtern verzieren und anlässlich des „Twinkle Light Cruise“ im Dezember als Teilnehmer des weihnachtlich leuchtenden Konvois durch die Stadt rollen. Egal welche Aktion – danach .... Danach lebt die Hauptstadt Niedersachsens bestimmt noch mehr auf!

H VW 249H
H VW 161H

60 Aus dem Front- oder Heck-Teil eines Bulli einen Schrank oder eine Hausbar zimmern

Natürlich nur dann, wenn das Auto ansonsten unrettbar verloren ist. Wir wollen ja nicht mit dem dort kredenzten Drink auf eine eigene Missetat anstoßen!

Einen VW Bus im Hippie-Look gestalten

Vielleicht können es viele nicht mehr hören: VW-Bus und Hippie, Hippie und VW-Bus. Aber die Loveandunderstandingzeit war nun mal jene Ära, in der der Bulli vom reinen Transportvehikel zum multifunktionalen Freizeitmobil mutierte. Außerdem ist momentan Retro in, da kann man auch mal wieder psychedelisch denken. Und malen.

62 Wildcampen in Norwegen

Keine Sorge: Das „Jedermannsrecht“ erlaubt dieses – zumindest, wenn es sich nicht um Privatgelände handelt und man seinen Müll mitnimmt (was überall auf der Welt selbstverständlich sein sollte). Aber es ist trotzdem ein Erlebnis – weil Norwegen so faszinierend wie unwidersteh-lich ist. Im Campingbulli erst recht!

63

Burger essen in der Kultbude „Big Boost Burger“

„Wo man Burger isst, lass Dich nieder. Böse Menschen singen lieber Lieder.“ Oder so ähnlich. Tipp für Bulli-Fahrer mit Drang zum Benzinburger: Restaurant „Big Boost Burger“ von TV-Schrauber J.P. Kraemer, Dortmund, Klönnestraße 94. Der Veggie-Burger heißt „Eco Boost“, der BBQ-Burger „Diesel“. Mein Vorschlag für einen künftigen Burger mit brauner Sauce: „Rostfraß“.

Mit einem Bulli auf der B3 in den Sonnenuntergang fahren

64

Es muss ja nicht immer die Route 66 sein: Gleich hinter Buxtehude (Ortsteil Ovelgönne) biegen wir ab auf Deutschlands Traum(bundes)straße, die B3, und folgen ihr auf gut 800 Kilometern von Norden nach Süden. Der Trip – geprägt von wechselvollen Landschaften, reizvollen Städten und abwechslungsreichen kulinarischen Highlights – endet erst in Weil-Otterbach an der Bundesgrenze zur Schweiz. Wer weiterfahren will: Auf jeden Fall die Geschwindigkeitsschilder beachten! Selbst in einem alten Bulli …

65 Die beste Packliste ever für Familien im Bulli-Camper erstellen

Und sie muss kompletter sein, als diese hier: http://bulliverreisen.de/packliste-vw-bus-t3, die natürlich auch für T1 und T2 gelten kann. Eines sei schon verraten: Wie gut, dass Bullis so groß sind ...

Bulli-Markenbotschafter werden

66

Wie jede Automarke hat auch VW Markenbotschafter. Die bekommen meistens unter anderem ein adäquates Fahrzeug für die Zeit ihrer Lobbydiplomatie – warum also nicht sowas selber werden? Joachim Löw steht für die Wolfsburger E-Strategie, Tanner Foust für die sportlichen VW-R-Ableger. Wie wär`s also mit Ihnen für den Nutzfahrzeugklassiksektor?

67 Bei Westfalia fragen, ob es noch Teile für einen T1-Umbausatz gibt

Westfalia war die erste Firma, die den Bulli professionell zum Wohnmobil ausgebaut hat. Naja, was man damals eben so professionell nannte. Aber egal: Es war der Hammer für damalige Zeiten: Aufstelldach, rustikale Möblierung, Markise, Gardinen, zwei Flügeltüren mit integrierten Tischchen und Schränkchen, ein einhängbares Kinderbett – eben alles, was die Wirtschaftswunderkleinfamilie auf 7,5 Quadratmetern erfreute. Heute ein Vermögen wert, weil nicht mehr zu haben. Oder doch? Man kann ja mal nachfragen …

68 Mit einem Besserwisser wetten, dass „Fridolin“ kein geschrumpfter Bulli ist

Denn Sie würden gewinnen. Fridolin, Werkscode W 147, wurde bei Westfalia als „Sonderfahrzeug Post“ von 1964 bis 1973 in 6139 Exemplaren produziert und stand auf einem Karman-Ghia-Fahrgestell, Typ 14. Vom Bulli stammen nur wenige Teile wie zum Beispiel die Motorraumheckklappe, die (verkleinerte) Rückwandklappe, die Rückleuchten und die (verkürzte) Heckstoßstange.

Auf zum fröhlichen „Bulaho“

Nee, nicht Hulahoop. Sondern Bulaho, lang ausgedrückt „Bundeslandhopping“. Zum Beispiel in 16 Tagen durch 16 Bundesländer. Jede Nacht in einem anderen Bundesland pennen. Tagsüber natürlich nur Landstraßen benutzen – Deutschlandtour mit dem Wohnmobil mal anders.

70 Auf dem schönsten Campingplatz Europas übernachten

Eingebettet in die prächtige Bergwelt der Berchtesgadener Alpen und Loferer Steinberge konnte „Grubhof Camping in St. Martin" im Salzburger Land (Österreich) diesen Titel bereits vier Mal für sich beanspruchen – muss also etwas dran sein. Ein Camping-Fest für alle Bullisten!

Analog zum Jeans-Käfer einen Jeans-Bus gestalten

71

Kennen Sie noch den Jeans-Käfer? VW 1200, Sondermodell von 1973 bis 1975. Eine runde Kiste in Tunisgelb, Brillantgelb, Marinogelb, Nepalorange oder Phönixrot. Nette „Jeans"-Dekorstreifen, Zierleisten, Stoßstangen und Lampenringe in schwarz. Aber der Hammer: Sitzbezüge aus Jeansstoff mit farbigen Nähten und Nietentaschen. Gab´s leider nie bei den Bullis ...

72 Über die Nordschleife boxern

Tatsächlich darf und kann jedes motorisierte straßenzugelassene Vehikel auf die Nordschleife – ist ja sowas wie eine private Bundesstraße. Wenn auch eine ganz besondere: weltbekannt, genau 20,382 Kilometer kurz, mautpflichtig, und viele berühmte Autos und Menschen haben sie benutzt. Klar kann man sie auch mit einem Bulli befahren, und quer wird 'ne richtige Show draus …

73 Mit einer alten T2-Pritsche irgendetwas liefern

Dazu war sie nämlich mal gedacht. Deshalb gab es den T2 als Pritsche mit 4,3 Quadratmetern Ladefläche, als Großraum-Holzpritsche mit 5,2 Quadratmetern Ladefläche oder als Doppelkabine mit 2,9 Quadratmetern Ladefläche. Man könnte zum Beispiel Batterierohstoffe nach Grünheide bringen oder angebissene Äpfel nach Cupertino. Aber auch ein saftloses Elektroauto mittels Abschleppseil an einer Ladesäule abliefern. Das funktioniert allerdings auch mit jedem anderen Bulli …

Einen Bus so aufbauen, dass er auf einer Versteigerung die Rekordmarke knackt

74

Schon vor ein paar Jahren schossen die Bulli-Preise in die Höhe – 2014 zahlte ein Sammler für einen komplett restaurierten ´55er VW T1 Barndoor-Samba Deluxe bei einer Auktion 190.000 Euro. 2017 wurde ein Samba für 302.500 Dollar versteigert. Das gilt es zu knacken, wobei in jüngster Vergangenheit ja wieder Patina gefragt ist. Restaurieren oder lieber auf welkes Blech setzen? Egal – in Sachen Altautos gehen VIP-Kisten immer. Vielleicht sollte man also jetzt zum Beispiel Gerhard Schröders T5 erwerben und einfach abwarten. Aber nicht zu lange – wenn irgendwann keiner mehr weiß, wofür „SPD" steht, klappt das mit dem VIP-Bonus auch nicht mehr …

75 Einem Bulli-Club beitreten

Es gibt sie überall, die Bulli-Clubs. In Deutschland, in Europa, weltweit. Da wird schon einer dabei sein, der einem passt. In der Gemeinschaft ist das Herumbullieren nochmal so schön!

76 Einen Dragster aus dem Bulli entwickeln

Selbst das hat schon jemand gemacht. Zum Beispiel Wayne Allman aus der britischen Grafschaft Warwickshire. Er nahm eine `65er Doka, löste die Fahrerkabine vom Rest des VW, schraubte das gute Stück auf einen Dragster, der mit 1700 PS aus einem 8,4-Liter-Keith-Black-Hemi motorisiert war, und nannte das Ungetüm „Mental Breakdown". Aber es gibt ja eigentlich nichts, dass man nicht noch toppen könnte ...

Freunden beim Transport helfen

Jeder Eigner eines VW-Busses hat es bestimmt schon gehört: „Du hast doch 'n Bulli. Kannssu nich mal ...???" Klar kann man. Mal. Bei Freunden erst recht. Aber nicht immer. Echte Freunde verstehen das.

78 Einen Rat-Look-Bulli kreieren

Das geht ganz einfach: Bulli besorgen, große Teile des Lackes abschleifen, Bulli eine Weile im Regen parken, (Flug-)Rost willkommen heißen, Bulli mit Klarlack überpinseln, fertig. Wäre da nicht die kleine Einschränkung, dass Autos im „Rat Look" zwar aussehen wie frisch aus dem Nordseegrab, aber technisch meistens absolut top sind.

79

Zum Campen beim 24-Stunden-Rennen an die Nordschleife

Schon beim 24-Stunden-Rennen am Nürburgring überhaupt dabei zu sein, ist ein Erlebnis. Wenn man dann noch campt zwischen all den unglaublichen Hardcorefans, ist das noch mal einer obendrauf. Aber der Olymp (oder die Hohe Acht) ist erklommen, wenn man das dann auch noch im alten Bulli macht. Kleiner Tipp: Die Fete am Ring geht meistens schon knapp eine Woche vor dem Rennen los. Inklusive Regenerationszeit danach sollte man also einfach mal insgesamt zwei Wochen Urlaub dafür planen.

80

Die Yungas-Straße in Bolivien meistern

Ja, genau die! Die Camino a Los Yungas zwischen La Paz und Caranavi in Bolivien galt bis 2007, als eine andere Route eröffnet wurde, als gefährlichste Straße der Welt. Heute wird sie nur noch von Menschen befahren, die das eigentlich nicht tun müssen – deswegen gibt es wenig Verkehr. Somit ist die Faszination größer als die Gefahr. Aufpassen sollte man trotzdem – die Abgründe sind noch genauso schaurig wie früher. Ein Bulli hält zwar viel aus, aber nicht so einen tiefen Fall!

Einen total verrückten Umbau realisieren

81

Während verschiedene Umbauten diverse Bullis stärker, schneller, größer und kleiner machen, gibt es auch die Kategorie „völlig sinnlos“. Wahrscheinlich macht es am meisten Spaß, sich dafür eine Kreation einfallen zu lassen. Anregungen gefällig? Bitteschön: https://www.kaeferblog.com/die-top-10-der-verrucktesten-vw-busse

82 Campen direkt am Meer

Und zwar nicht 100 Meter vom Wasser entfernt, sondern unmittelbar mit der Schnauze an der Nordseeküste. Nicht hinter den Dünen oder diesseits des Deichs, sondern vielmehr mit der Stoßstange fühlbar an der Wasserkante. Das funktioniert von März bis Oktober tatsächlich auf dem „Wohnmobilhafen Harlesiel" in Wittmund. Dort gibt es 60 ausgewiesene Möglichkeiten, direkt an der Mole zu nächtigen. Vorsicht übrigens beim Rangieren, gravierende Fehler sind irreversibel. Und ab und zu die Bullischnauze waschen – wegen des Salzwassers. Wenn an Deutschlands 1100 Kilometer langen Küstenlinie nichts mehr gebucht werden kann, gibt es alternativ freilich noch andere Meere: Alleine die Küsten der USA (Pazifik, Atlantik und Golf von Mexiko) bieten 19.924 Kilometer Parkplatz – wenn auch nicht jeder Meter als Stellfläche nutzbar ist. Frankreich (Mittelmeer, Atlantik, Ärmelkanal und Nordsee) kommt immerhin auf rund 5500 Kilometer und Spanien (Mittelmeer und Atlantik) bietet 4964 Kilometer.

83 Bessere Werbung für einen Transporter erfinden als VW für T1 und T2

Klassiker der VW Werbung:

„You never know when you'll have to take an elephant someplace" (mit dem Bild eines Samba-Busses samt Schiebedach, in dem ein Elefant auf seine Fahrt wartet)

„Einige Volkswagen-Besitzer schauen auf andere Volkswagen-Besitzer herab" (mit Foto von T1 neben Käfer)

„Es macht mehr Spaß, den Bus zu nehmen" (mit einem T2)

„Der spart ein Schweinegeld" (ein T2-Transporter mit Schweinehälften als Ladung)

„In den VW Bus passen alle Einwohner von Jiggs, Nevada" (für den T1)

„Sie werden ihn auf jedem vollen Parkplatz leicht wiederfinden" (hoch aufragender Samba zwischen lauter flachen Pkw)

und so weiter: Schwer zu toppen ...

Der ehemaligen Führungs-Riege von VW ein Denkmal setzen

84

Könnte spannend werden – weiß man doch noch nicht so genau, ob man auch bei dieser oder jener Justizvollzugsanstalt Halt machen muss. Sorry: nachdieseln – ähhh – nachtreten gilt natürlich nicht …

85 Mit dem Bulli alte Familienfotos zeitgenössisch nachstellen

Eine Super-Aktion, weil erstens: Es eine Aufgabe ist, die man mit der eigenen Familie lösen kann; zweitens: Mal in eine andere Rolle zu schlüpfen hat noch niemanden geschadet; und drittens: Lässt man die nachgestellte Szene fotografieren und rahmt sie mit dem Original zusammen ein, wird man bestimmt von jedem Besuch auf das Kunstwerk angesprochen.

86 Sich einen neuen Kosenamen für den Bulli ausdenken

Diese hier gibt es schon: In England „Vee-Dub“, „Hippie Mobile“, „Combie“, „Microbus“, „Splitty“, „Barndoor“, „Bay Window“, in Peru „Combi Asesina“ (was übersetzt „Mörder-Kombi“ heißt und auf die halsbrecherische Fahrweise der Busfahrer in Lima zurückgeht, wo er häufig als öffentliches Verkehrsmittel eingesetzt wird), in Portugal „Pão-de-Forma“ („Brotlaib“ wegen seines typisch kastenbrotförmigen Aussehens) und in Dänemark „Rugbrød“ (gleich „Graubrot“). In Finnland „Junakeula“ (übersetzt „Zug-Front“ wegen der Ähnlichkeit zu alten einheimischen Zügen), in Ungarn „Osztott ablakos“ („geteiltes Fenster“ für den frühen T1) und „Kocka“ (Würfel für den T2), in Südafrika „Volksie Bus“, in Brasilien „velha senhora“ (die „alte Dame“). Man kennt ihn außerdem als „Brick“ („Ziegelstein“), „Air-Cooled“ („luftgekühlt“), „Cucumber“ („Gurke“), „Fat Chick“ oder „Skinny Chick“, „Magic Bus“, „Eurovan“ oder „Dub Bus“. Und die Schweizer nennen den Samba „Plexibus“ – weil dessen Plexiglas-Eckfenster erst ab Februar 1955 durch Sicherheitsglas ersetzt wurden.

Bulli-Honig naschen

Kein Problem, da neun Bienenvölker mit rund 450.000 Mitgliedern auf dem Werksgelände von VW Nutzfahrzeuge in Hannover siedeln. Den Honig kann man im Kundencenter am Werk Hannover-Stöcken kaufen.

88 Sich mal in einem Bulli kutschieren lassen

Na ja, so aufregend klingt das nicht – es sei denn, man liegt als Notfall auf der Trage in einem Krankentransportbulli. Natürlich nur testweise. Zum Beispiel in „Clino", dem einzigen weltweit original erhaltenen Clinomobil. Der Notarzt-Bulli, Baujahr 1963, half einst auf dem Firmengelände der Farbwerke Hoechst und ist noch heute voll einsatzbereit. Gefahrene Kilometer: 9300.

89

Am Stammtisch mit Bulli-Wissen glänzen

Zum Beispiel: Was ist ein Bulli 1.5? Ein Zwittermodell von T1, T2a und T2b aus brasilianischer Fertigung. Oder: Welcher weltberühmte Maler-VIP pilotierte manchmal einen Bulli? Pablo Picasso. Und welcher Koch? Johann Lafer. Und welcher Musiker? Bob Marley. Oder: Wie heißt der Namibianer, der in der Wüste ständig nach verlassenen Bullis (ja, die gibt es tatsächlich auch) sucht? Eric Sell. Oder: Wie viele SO-Kürzel (für „Sonderausführungen“) listete VW im Jahr 1957 für den T1 auf? 22. Oder: Was ist ein „Bolletje Bus“? Die Bulli-Langversion des niederländischen Umbauspezialbetriebes Kemperink. Oder: Steht „Samba“ für „Sonder-Ausführung mit besonderer Ausstattung“? Vielleicht …

90 Den Nachwuchs ans Steuer lassen

Jaaaaa, das tut weh. Aber wenn die Bullimania von den Eltern auf die Kinder überspringen soll, müssen sie auch mal ans Lenkrad dürfen.

91 Auf dem Parkplatz eines 5-Sterne-Hotels übernachten

Auch wenn die Standmiete bei solchen Etablissements für eine Nacht Parken oft die Übernachtungspreise auf einem guten Campingplatz übersteigt – so ein Erlebnis im eigenen Geschichtenportfolio ist unbezahlbar …

Seinen VW Bus in ein Kunstwerk verwandeln

92

Hier kommt ein wunderbares Projekt für alle Kunstfreunde! Seinen vierrädrigen Liebling in Beton quasi unsterblich zu machen, ist ursprünglich eine Idee des gelernten Bildhauers Gottfried Bechtold. Der 1947 geborene Bregenzer gehört zu den herausragenden Künstlerpersönlichkeiten Österreichs. Im Jahr 1971 entstand sein erster Betonporsche – es war übrigens sein eigener –, der als 10,7 Tonnen schwerer Dauerparker auf dem Parkdeck Süd der Uni Konstanz zu finden ist. Spektakulär auch seine von 2004 bis 2006 für eine Ausstellung in Bregenz entstandenen elf Stuttgarter Schwergewichte; die Installation trug den Titel „ELF ELF".

Also, auf in den Baumarkt und Rostprobleme sind kein Thema mehr.

93 Sich einen neuen Bulli-Spruch einfallen lassen

Das funktioniert schon mal, indem man das Typenschild an seinem Bulli leicht abändert. Gesichtet wurden bereits „Cultivan" an einem Multivan, „Grimminalboliseiauto", „Bullizei" oder sogar „Airbus" an der Heckklappe eines Luftgekühlten. Ansonsten sind aufgeklebte oder aufgemalte Slogans oder wie „You have been campered", „Frauen fahren besser mit dem Bus", „Wohnerlebnis auf kleinster Fläche", „Schafft dein Schlafzimmer auch 100 km/h?" oder „Aus Freude am Tanken" an einem T2. Da geht aber noch mehr ...

Mit dem Bulli ins Glück

94

Passen doch alle hinein: das Brautpaar, die Trauzeugen, die oder der Standesbeamte, ein paar Gäste und dann sogar noch ein Fahrer, so dass man sich während der Zeremonie auch noch von Hannover nach Wolfsburg und zurück chauffieren lassen kann. Da hilft, dass VW Nutzfahrzeuge (www.volkswagen-nutzfahrzeuge.de) mehr als 30 T1 (inklusive Samba) bis T4 vermietet. **DER** Tipp für alle Weddingplaner!

95 Aus einem unrettbaren Bulli einen Anhänger bauen

Dem ist nichts hinzuzufügen. Und der Phantasie sind dabei keine Grenzen gesetzt. Wer Skrupel hat, die Flex durch das originale Blech zu jagen, der kann aber auch auf eine fertige Lösung zurückgreifen: Matt Clay aus Herefordshire, ein Bulli-Fan, Hard-Core-Camper und Chef der Firma Dub Box Ltd., baut Wohnanhänger im Design des Bus-Klassikers T1. Die Kurzversion Shortie Dub Box des Wohnanhängers im Bulli-Design misst lediglich 2,70 Meter in der Länge. Die größere Version Standard Dub Box hingegen bietet ausreichend Platz für ein gemütliches Doppelbett, kostet aber mit rund 17.500 Euro rund ein Drittel mehr als das kleine Schwestermodell.

DUB BOX
DUB BOX

96 Sicherheitsgurte nachrüsten

Klar, das ist nicht gerade cool. Aber kann helfen. Auch wenn man weiterhin lieber keinen Unfall mit dem Bulli haben will. Und zwar nicht nur, weil diese kultigen Nutzfahrzeuge ziemlich teuer geworden sind …

Mit einem Bulli seine letzte Reise planen

97

Und ich meine wirklich die letzte Reise. Kann man ja zum Beispiel testamentarisch festlegen. Ist sowieso ein Muss für überzeugte Bullisten. Zum Beispiel im Leichenwagen von Pollmann, Frickinger oder Rappold, die unter anderem Bullis von T1 bis T3 als Basis nutzten. Sie finden, das wäre ein zu makabres Thema? Wenn Sie wüssten, was für makabre Bullis sonst so durch die Welt wuseln …

98 Dem ältesten einsatzbereiten Bulli huldigen

Ja, man darf durchaus auf die Knie fallen. Oder mit Weihrauch wedeln. Muss man aber nicht – anschauen und bewundern reicht auch: Der älteste einsatzbereite Bulli heißt „Sofie“, wurde am 5. August 1950 gebaut und erhielt die Fahrgestellnummer 20-1180. Über Umwege nach Dänemark gelangte der Kastenwagen letztlich zurück zu VW in die Sammlung der Nutzfahrzeuge.

Den Bulli zum Safe umbauen

99

Sie wissen nicht, wohin mit all Ihrer Kohle? Selbst der Kauf des T2 hat kein Loch in Ihre Kasse gerissen? Und Sie wollen gern auf Ihrem Geld sitzen, während Sie Bulli fahren? Kein Problem: Machen Sie aus dem guten Stück ganz stilecht einen Geldtransporter. Vorbild könnte ein Mix aus den Arbeiten der Firmen Wilhelm Thiele, Bischoff & Hamel und VW Interamericana sein: Gestärktes Werksblech dank drei Millimeter dicker Panzerplatten, kugelsicheres Glas, Elektrostatikabschirmung, Funkanlage, Druckknopfsicherung, Warnsirene, Dreh- statt Schiebetür und unglaublich kleidsame und abnehmbare Radschutzabdeckungen. Damit wären Sie der solvente Star in jeder T2-Gemeinde.

100 Einen Bulli-Schrauberkurs belegen

Man lernt nie aus – und wenn man damit noch gar nicht angefangen hat, hilft es, die Bulli-Liebe zu festigen. Einfach mal im Internet gucken, zum Beispiel www.oldtimerschrauberkurse.de mit Lehrgängen für Motor und Bremse, speziell für Käfer und Bulli. Wer sich als Frau nicht zwischen lauter Besserwissern wiederfinden will, sollte sich mal bei „Schraub, Mädchen“ und Bulli-Fan Anna Matuschek umsehen (www.schrauberkursfuerfrauen.de).

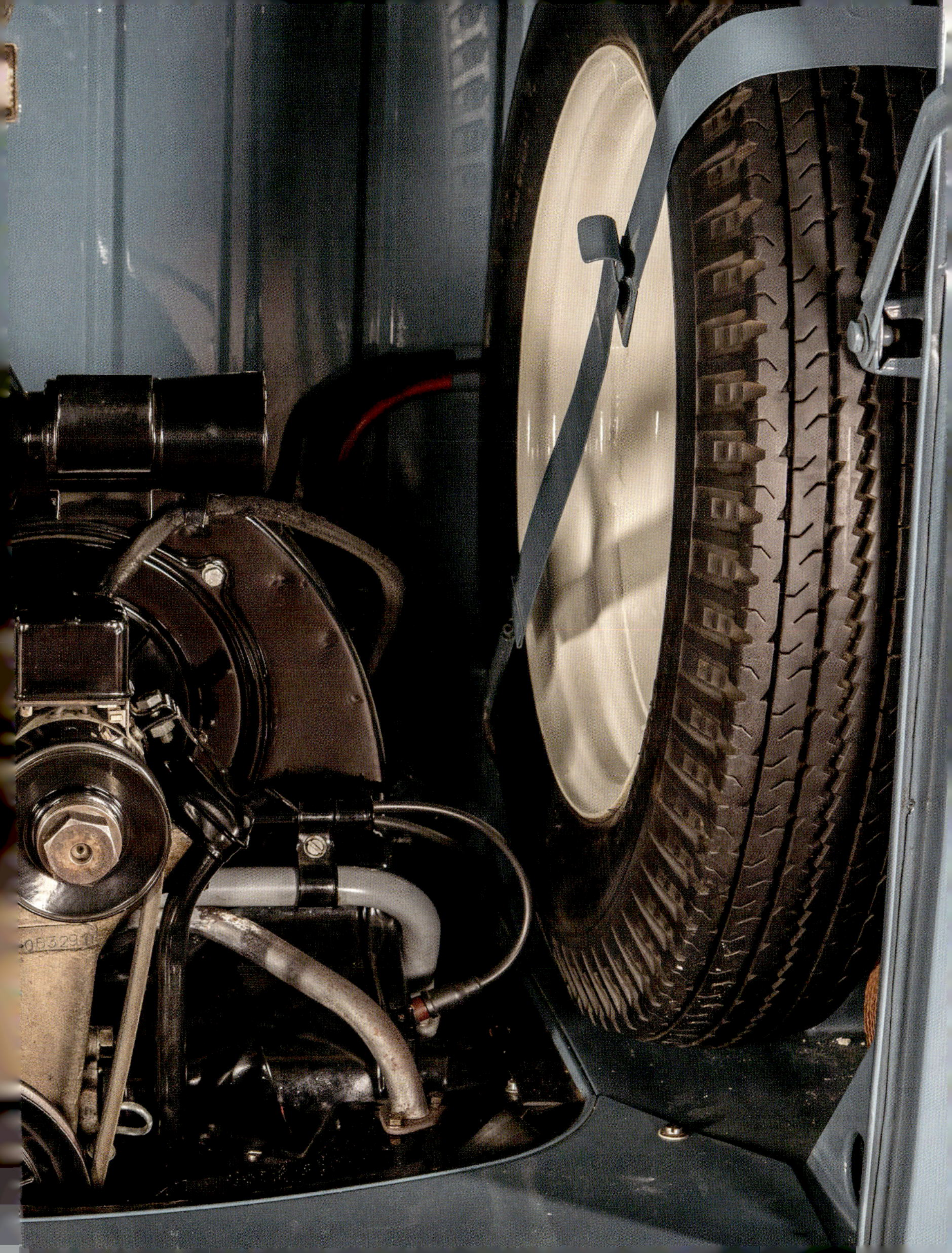

Unsere Buchtipps

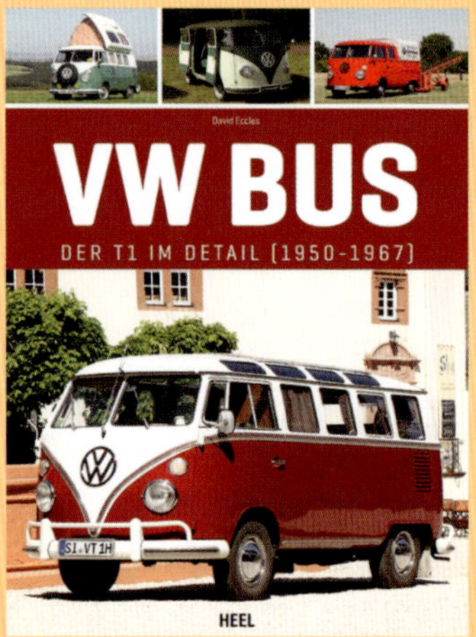

112 Seiten, 215 x 303 mm,
Hardcover
ISBN 978-3-95843-362-5
€ 19,99

264 Seiten, 213 x 270 mm,
Hardcover
ISBN 978-3-86852-699-8
€ 49,95

128 Seiten, 215 x 303 mm,
Hardcover
ISBN 978-3-95843-505-6
€ 24,99

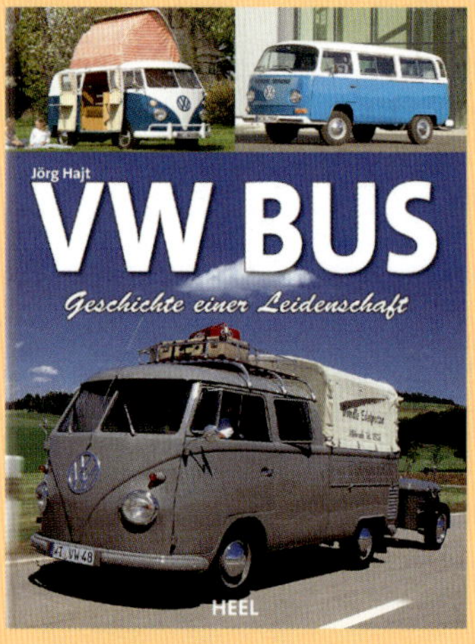

136 Seiten, 218 x 302 mm,
Hardcover
ISBN 978-3-86852-371-3
€ 19,95

Unsere Bücher erhalten Sie in jede

CIRCA